Weil die Zeit sich so beeilt

Für Franziska und Franziska

Christian Dinse

Weil die Zeit sich so beeilt

Bibliografische Information der Deutschen Nationalbibliothek
Die Deutsche Nationalbibliothek verzeichnet diese Publikation in der Deutschen Nationalbibliografie; detaillierte bibliografische Daten sind im Internet über https://portal.dnb.de abrufbar.

Herstellung und Verlag:
BoD – Books on Demand, Norderstedt

Satz und Layout: Christian Dinse
Lektorat: Nora Behringer
Umschlag: Christian Dinse

Speziellen Dank an:
Franziska Strigl

Unvergessen:
Ellie Soutter, Estelle Balet, Franzi, Jana, Michael Galla, Miri Pielhau,
Sarah Burke, Sigi von Koeding, Tommy Brunner

Online: https://www.cdinse.com/weil-die-zeit-sich-so-beeilt/

3. Auflage
ISBN Paperback: 978-3-75282-201-4
ISBN E-Book: 978-3-74810-146-8

Gestern

Auf eine bestimmte Weise
kam sie ihm bekannt vor.
Er weiß sie ist eine Fremde,
nur durch Zufall im gleichen Jahrhundert
auf dieser Erde, nur durch Zufall
in den gleichen Minuten an diesem Ort.

Vor Monaten erste Worte
gewechselt, vom Tag erzählt.
Nach Wochen erste Blicke
ausgetauscht, glücklich,
gar zufrieden gemacht.
Im Herbst einander akzeptiert,
angenommen, verstanden, behütet.

Gestern hat sie geweint und bekannt,
im Frühjahr wegzugehen.

Mittwoch

Probleme gibt es keine,
höchstens überbewertete Situationen.
Beleidigungen gibt es keine,
höchstens missverstandene Worte.
Ängste gibt es keine,
höchstens übertriebene Gedanken.

Das fiese Gefühl von Mittwoch

Marcus Wiebusch,
auf den Punkt:
»Welcher Mensch hält was er verspricht,
wenn er nicht glaubt was er sagt?«

Dazu stehen,
Sachen versprochen
zu haben,
die weit vor der Realität
wie Seifenblasen zerplatzten.
Bereits dafür ein
schlechter Mensch?

An eine Unbestechliche

Nie aufgegeben,
wenn es ihm schlecht ging.
Immer einen Ratschlag,
ein liebes Wort,
eine helfende Hand.
Ihn mehr als einhundert Mal
aus dem Sumpf der
trostlosen Traurigkeit gezogen,
Einsamkeit besiegt.

Er dankt mit Worten,
zaubert ihr strahlende Augen,
verspricht ihr,
sie zu behüten.

Vergessen

An einem Sonntag,
halb vier nachmittags,
der Himmel blau,
das Befinden lässig,
trafen sich ihre Blicke
am Springbrunnen
in der Innenstadt.

Die Straßenbahn,
die für Sven Regener
zugleich Zuflucht
und Analysemöglichkeit
der Menschlichkeit war,
kreuzte ihren Weg zum Café.

Zukunft

Heerscharen sagen,
in der Zukunft
wird alles besser,
die Vergangenheit
sei nicht wert,
Gedanken
zu verschwenden.

Ist es unnormal
zu wünschen,
was war
nie zu vergessen
und morgen noch
zu haben,
was heute umgibt?

Juliane

Erste Worte:
»vielleicht stimmt es,
dass geteiltes Leid halbes Leid ist.«

Mit Koffern und Kisten ins
neue Haus ohne Nachbarn,
in eine neue Stadt.
Weltenbummler,
ein Leben voller Überraschungen.

In der Runde sie,
ihre Blicke,
ihre Worte
und den Reiz entdeckt,
es Heimat nennen zu wollen.

In stiller Erwartung

Sekunden,
vergangen,
ihre Frage,
Gefühle,
Verstandensein.

Am Abend erfahren,
dass man Überraschungen
erleben kann,
wenn man der Zeit Zeit lässt
und dem Zufall seinen Lauf.

Versteh' ihn

Er denkt an dich,
auch wenn er nicht weiß, wo du bist.

Er redet mit dir,
auch wenn er nicht neben dir sitzt.

Er verteidigt dich,
auch wenn du nicht im Raum bist.

Er akzeptiert dich,
weil er dich liebt.

Wieder hier

Fragen, wie vor einem Jahr.
Personen, wie vor einem Jahr.
Gedanken, wie vor einem Jahr.
Gleiche Bilder.
Himmel, vertraut gefärbt.

Bekannte Geräusche.
Unveränderte Pflichten.

Trotzdem ist alles anders,
neu und unbekannt.
Er weiß nicht warum es passierte,
aber er ist unbeschreiblich froh,
sie getroffen zu haben.

In dunklen Zimmern lächeln

Sein Herz springt im Kreis,
wenn er an ihr Lächeln denkt,
sie gemeinsam Sorgen teilen
oder ihr Name fällt.

Angst macht sich breit, weil
er nicht damit gerechnet hat,
so kraftvoll von Gefühlen
heimgesucht zu werden, die
er längst abgeschrieben hatte.

Wie kann er

Wie kann er von etwas Abstand nehmen,
wenn er daran gefesselt ist,
mit Ketten aus Gefühlen,
unvollendeten Sätzen,
nicht abgeschlossenen Gesprächen
und dem Wunsch nach Akzeptanz.

Es war noch nie so tragisch,
nie so mächtig,
das Gefühl der Selbstvorwürfe,
der Sehnsucht.

Nüchterne Betrachtung

Sie schafft gute Laune,
ohne anwesend zu sein.

Sie bringt ihn zum Träumen,
ohne es zu wissen.

Sie ist in diesem Augenblick
unerreichbar fern,
unbekannt stationiert,
geliebt.

Nothing is alright

Leise,
kommentarlos
davon schleichen.
Die dunkle Nacht
schützt,
kein Luftzug,
keine leuchtenden Sterne,
graue Wolken,
der Mond verdeckt.

Entschieden zu gehen.

Liebe

Einfach sie.
Nicht hier,
aber allgegenwärtig.

Hände gebunden,
sagen zu können,
wie es sich anfühlt.

Kann es nur aufschreiben,
festhalten,
bei sich tragen,
bis zum Moment
wenn sie zurück ist:

»Ich liebe dich.«

Whispering

Sie feierten ein Fest,
zelebrierten den Tag,
eiskalt im Nebel,
unvergleichlich,
wichtig.

Wo immer sie ist,
was immer sie tut,
im silbernen Licht
des Mondes tanzend,
im abgedunkelten Zimmer
schlafend,
leicht,
entspannt atmend;
er wird sie schützen,
bei ihr sein.

Aufgeschnappt

Die Wissenschaft
von Dingen,
die er eigentlich
nicht beherrscht,
dargestellt,
als hätte er
sie verstanden.

Oh Girlfriend

Am Tor
getroffen,
gegrüßt,
Gespräch begonnen,
Reaktion erfahren,
Lachen, Lächeln.

Sie haben sich verliebt,
Monate später gelernt,
es zu sagen.

Regen folgt auf Regen

Die Blechbläser hatten
nur wenig Zeit,
für die beiden zu spielen.
Der Regen verdrängte sie
unter das Vordach.
Genau eines der Art,
das schon Max Herre diente,
als er seine Anna traf.

Fünf Jahre

Zu zweit,
fünf Jahre gekämpft,
das Ungeheuer verjagt,
vor dessen Klauen sich beide
so sehr fürchteten.

Angefangen im Dunkel.
Die Augen haben gefunkelt.
Die Allianz,
ein Bündnis
sondersgleichen.

Mit seinen Augen

Mitten im Leben,
nach Jahren der Distanz
mit ihr am Tisch.

Der Rinnsal neben ihrem Fuß,
nur Wasser,
bis heute eine Erinnerung.

Unterwegs

Jetzt ist sie weg,
auf und davon.
Hatte vorgewarnt,
ausreichend vorbereitet
allerdings nicht.

Überall Uhren,
leuchtend digital,
brutal einschlagend,
jede Sekunde ohne sie
vorhaltend und betonend.
Hervorhebend,
wie lange er schon
und noch ohne sie ist.

Der Blick aus dem Fenster,
zurückgeschleudert.
Spiegelnde Dunkelheit.

Düsseldorf

Auf dem Weg zum Rheinufer allein.
Auf dem Rückweg verstanden.
Am Abend Pläne geschmiedet.
In der Nacht Entscheidungen getroffen.
Am nächsten Morgen
fürs gemeinsame Leben
entschieden.

Der Abend vor dem Flug

Drei Ecken weiter entlässt er dich
in die kalte Nacht.
In Gedanken sieht er dich
noch immer dort stehen,
in sein trauriges Gesicht blickend
»gesucht und gefunden« sagen. Lächeln.

Hamburg

Sehr sympathisch,
wo dreimal im Jahr
das Riesenrad dreht,
wo zweimal im Jahr
Wasser gegen Steine kämpft.
Wo Gründung auf Insolvenz
folgt und der Prunkbau
Elbphilharmonie
auf Unverständnis traf.

Ole von Beust ist zurückgetreten,
am vorletzten Tag, an dem ich
ein Kind von dir war.
Meine Perle bist du gewesen,
bleibst du im Herzen.

In Hamburg sagt man Tschüß.

Glorious Day

Er hat sie nicht verloren,
die Bilder zeigen ihm,
er hatte sie nie gewonnen,
nie auch nur einen Funken
ihres Feuers aufgefangen.

Erst recht nicht letzte Nacht,
als sie ihm,
über eine Antwort nachdenkend,
in die Augen und dann weg sah.

Weil es dunkel wird

Die Taschenlampe hat
versagt, aber der Weg
ist nicht zu schwierig.

Eisschichten soll man kritisch prüfen
und auf Baggerseen soll man nicht wandeln,
aber wenn es Zeit spart,
nimmt man den Bruch in Kauf.

Es ging gut. Heute war es gut.

Knock-down Drag-out

Sie zu verlieren
ist für ihn nicht möglich,
denn um etwas zu verlieren
muss man es haben.

Sie hat er nicht,
wird sie nie bekommen,
der Preis ist zu hoch,
er dürfte nicht mehr er sein.

Schattenspieler

In Kombination mit Phantasie
sind Licht und Schatten
die ultimativen Waffen
des Alleinunterhalters.

Wolf oder Drache,
über Pyramiden fliegende Adler,
Schmetterlinge oder Krokodile.

Grenzenlose Freiheit, wenn du willst.

Danke

Einfach so,
ohne dass sie es versteht
und ohne das er es ihr erklärt.
Dieser Augenblick ist ein Stück
ihrer Geschichte.
Tränen lügen nicht.

Wie gemeint

Gesagt, verstanden,
akzeptiert und eingeschenkt.

Gelacht, ausgetauscht,
festgestellt, überlegt und ausgetrunken.

Die Kurve haben sie trotzdem
jedes Mal bekommen.

Und am Ende,
als sie auf dem Bordstein stehend
kurze Blicke ausgetauscht haben,
wurde beiden klar,
dass es werden wird,
wie es sein sollte.

Seine Zukunft

Heute,
ohne grelles Licht,
ohne sonstiges Aufsehen,
steht sie vor ihm.
Mensch geworden,
greifbar.
Stark und antastbar.
Sie ist da,
hier am rechten Fleck
und die Gefühle sind unglaublich.

Das Besondere

Was es besonders macht ist,
dass er weiß,
sie schon bald wieder
zu verlieren.

Tage wie dieser

Am schwarzen Freitag,
peinlich gerührt,
tief unten,
versteckte Augen.
Viele Erinnerungen.

Heute, sechs Jahre.
Durch Tränen
eingeschränkt.
Er vermisst sie,
wir alle tun es.

Die Bestürzung nimmt Überhand,
zwingt zum Stopp. Sie ist unvergessen.

Marseille

Es gibt nichts,
was er ändern würde.
Die Zeit, im Augenblick täglich,
ist eine gute.

Auf dem Tisch neben der Tür
liegen die Tickets,
im Flur stehen die Kartons,
im Herzen existiert
der Kampfgeist fürs Schaffen
und auf der Kante balancierend
sieht er sie wartend.

»Bitte sage ja, denn ich habe
mich längst entschieden.«

Restlos, rastlos

Aus dem
nicht alltäglichen
Alltag gerissen,
in eine neue,
altbekannte Welt gestoßen,
ohne Rückhalt
sitzen sie gebeugt,
nachtumflutet
auf den Trümmern,
die ihre Welt waren.

Aufgewacht

Man hat sie ihm genommen,
aber aus guten Gründen.
Er liegt alleine wach,
mit der Gewissheit,
jemanden gefunden zu haben,
der wie er tickt.

Heute ist Mittwoch,
der Tag zum Ausschlafen,
der Tag zum Verdauen,
der Tag,
an dem er sie wieder
in seiner Nähe hat.

Es ist noch nicht zu spät

Eine Stimme spricht zu ihr,
lässt sie euphorisch lachend
die Szenerie verlassen,
den Ort zurückliegend,
im Spiegel sehend,
davonfahren.

Wo wenn nicht dort
wird es wieder ein Drama geben.
Trotzdem findet sie den Fleck
überragend fantastisch.

Gernʿ geschehen, jederzeit wieder!

Rücken zugedreht,
viertel vor Eins,
in den dunklen Teil
des Hauses abgetaucht.

Der Abend bedeutet viel,
aber auch die bereits
vergangenen sind
nicht vergessen.

Für Susan

In schweren Zeiten hast Du
nicht hingeworfen,
was dich fertig machte.
Du hast gekämpft,
bist gereift,
erwachsen geworden.

Ich liebe dich,
vor allem deinen Ehrgeiz.

Den Haag

Unverhofft
Tränen in den Augen.
Heute soviel weiser,
pflichtbewusster,
soviel erfahrener.
Gemeinsam älter,
mutiger,
sachlicher,
erwachsener.
Und trotzdem
fällt trennen
nicht leichter.
Stichwort Nagel.

»Danke an alle die uns in den letzten 16 Jahren
unterstützt haben. Danke am allermeisten an uns
selbst für 16 Jahre Fahrtwind. Wir gehen erhobenen
Hauptes, in Demut und Stolz. Auf wiedersehen,
sagen Nagel, Shredder, Dennis und Brami.«

12. Dezember 2009,
der Tag an dem Muff Potter verschwanden.

Für Susan, abermals

Jetzt,
zwei Jahre älter,
trittst du mir noch immer
mit einem Lächeln entgegen.

Du bist wunderbar,
unvergleichlich phänomenal.

Die Euphorie dieser Worte
zeugt von den Gefühlen,
die du in mir auslöst.

Deutscher Lehrstuhl für Popkultur

Angst vor Freiheit,
vor Wissensdurst und Depression.
Große Momente,
unbedeutend wichtig.
Theatralische,
bunt gemischte,
zynische Worte.

Wahrheiten kosten Nerven,
nicht nur in Hamburg.

Traumtänzerische Sicherheit.
Meisterliche Eloquenz.

Mit Olli Koch betrunken getanzt,
betrunken zum Tourbus
und dann zum nächsten Club.

Danke für zwölf Jahre Tomte.

An die Konsequenz

Kontrollierte Selbstsicherheit,
im kalten Wind,
perfekt in Szene.

Solange sich die Momente
wie vorhergesehen verhalten
ist alles bestens.

Klopft die alte Unsicherheit
an die Tür,
verfliegt die gesammelte Kraft
und das Kartenhaus bricht
zusammen.

Abschied nehmen
für unbestimmte Zeit,
hoffentlich nicht für immer.

DARE

Und während er sich im Oktober 2001,
im Zivildienstlehrgang sitzend,
völlig übermüdet versucht,
durch Zeichnen wach zu halten,
springt die Zeit plötzlich
neun Jahre in die Zukunft
und eine SMS mit traurigem
Inhalt erreicht ihn.

Der Himmel hat dich zu sich gerufen.
Sigi, wir vermissen dich!

»Handschrift ist für mich
Ausdruck von Persönlichkeit.«

Nachruf auf Sigi von Koeding
alias DARE (1968 - 2010)

Daher gesagt

Nichts ist nach
dem Weggang
der Bestimmten
wie zuvor.
Schon am Tag danach
war der Wunsch riesig,
die Zeit zurückdrehen
zu können.
Ging nicht.
Einfach sagen,
»wir sehen uns bald«,
ist leicht.
Das Warten darauf,
grausam.

Ausgerechnet Bodensee

Er hat sie über viele Jahre begleitet,
ohne ein Wort mit ihr zu wechseln.
Meist sahen sich die beiden mittwochs
an der Bushaltestelle und abends
im Le Cercle Rouge.
Ohne zu ahnen,
wieviel Einfluss er hatte,
kommen ihr heute die Tränen,
wenn sie seine Stimme
im Radio hört.

Das Gefühl von Liebe

Im Bus,
im Auto,
auf der Straße,
im Cafe,
im Büro,
beim Essen,
im Kino,
während des Lesens.

Tausende Generationen
zuvor erlebten das Gleiche.
Tausende danach
werden das Gleiche erleben.

Erschreckender Geheimbund.

Die Zweideutige

Strahlende Augen.
Zarte Worte.
Liebevolle Bewegungen.
Zwinkern.
Ein sanfter Atemzug.
Dafür hat er sie geliebt.

Erinnerungen

geküsst,
geliebt,
gelacht,
gekämpft,
geschrien,
gehofft,
gemeinsam

Wind

stark,
eigenwillig,
unbezwingbar,
unendlich,
überall,
nicht greifbar,
zerstörerisch,
bedeutend,
wichtig,
so ist sie für ihn

Drittes Jahr

In Erfahrung bringen,
hören,
dass es ihr gut geht,
das sie es warm hat,
jetzt gerade,
das wäre das größte.

Weltbühne

Fest überzeugt,
graue Tage hinter sich,
leuchtendes Glück vor sich
zu haben.
Provokante Leidenschaft
und seidenweiche Liebe
gemeinsam zelebrierend,
strahlen sie vor Glück.

Rhythmus

Giulia,
die Liebe zur Stadt,
die Liebe zur Musik,
die Liebe zum Texten,
zum täglich auf
anderen Bühnen stehen,
zum Freisein,
zum Leben.

Abrechnung

Momente unser,
Glaube und
Glückseeligkeit.
Als wir lebten,
lernten wir einsam.
Als wir allein waren,
erstickten wir die Stille.
Als wir gingen,
strömender Regen.
Kleinstadtbahnhof,
Eitelkeit.

Auf einer Gala

Schnell schmerzhaft,
der Schlag ins Gesicht,
aus Worten.
Geklappt,
gescheitert,
an der Schwelle
zum Sommer,
ziehen lassen.

Harmonie teilen

Laubbaumrascheln,
der Spatzen wegen.
Windstill.
Sonnengeflutet
stehen sie wartend,
neidvoll und traurig
drein blickend,
am Bahnsteig,
Abschied nehmend.

Konstant konstant

Alles laut und klar,
im Sinne von
keine Fragen offen.

Sie schmecken die Jahre deutlich.
Zeiten,
die voller geschäftigem
Treiben waren,
die Verständnis,
Kerzenlicht,
Vertragspapiere
und Kummer
beinhalteten,
letzteren auch heilten.

Dankend für jeden Augenblick,
für den fiesen Geschmack
auf der Zunge und im Herzen.

Geschichten verblassen mit der Zeit,
Erfahrungen und Liebe bleiben.

Später am Abend

Später am Abend
sitzt er auf dem Teppich,
weiß weder ein noch aus.
Hinter der Wand,
im anderen Zimmer,
mischt die geballte Ladung
Selbstbewusstsein
Cocktails.

Er ruft ihr kurz zu,
dass er gleich geht,
sie ruft zurück,
sie wisse, dass er bluffe.

Du hättest besser gehört

Trockne deine Tränen,
die Zeit ist ein Dieb
und nimmt dir auch die Schattenseiten
der Vergangenheit irgendwann weg.

Geschichten enden nie sachte.

Wahrlich

Wird sein Traum sein.
Wird sein Wunsch sein.
Wird seine Phantasie sein.
Wird seine Hoffnung sein.
Wird seine Liebe sein.
Wird alles sein, was er braucht.
Wird ihn beschützen.
Wird ihn nie verlassen.

Weit weg von zuhause

Die Einsicht der Unzufriedenheit
kam schon wenige Tage
nach dem Umzug
in die sonnige Stadt.

Zum erwachsen werden
gehört das Eingehen
von Risken dazu,
keine Frage.
Häufig endet diese Art
der Selbstfindung
im Graben
neben dem Weg.

Vor einem halben Jahr
hat er sich von dort befreit.

Gewissheit

Dein Bild zu sehen
kann ihm genommen werden.
Deine Stimme zu hören
kann man ihm verwehren.
Deine Freude zu spüren
kann man ihm verbieten.
Dein Dasein
kann man unterbinden.
Die Gedanken an dich
nimmt ihm niemand,
sie sind da,
allgegenwärtig.

So stellt sich heraus

Dem zu widerstehen,
zu dem die Furcht dich zwingt,
ist einfacher gesagt als getan.
Freiwillig das zu unterstützen,
was dir Kopfschmerzen bereitet,
auch nicht leichter.

Am Ende steht immer die Einsicht,
dass es zwar viele Mittel der Wahl gibt,
aber nur verschwindend wenig
Möglichkeiten, die zur Lösung führen.

23 Worte für die Königin

Angenehm, einfühlsam, charismatisch, traumhaft,
ehrlich, freundlich, geheimnisvoll, herrlich,
intelligent, jung, krisenstark, lieb,
wertvoll, nachdenklich, witzig, umgänglich,
romantisch, speziell, traumhaft, schön,
verständnisvoll, wichtig und zauberhaft.

Mittwoch, wie immer

Der Traum ist ausgeträumt,
keine Sekunde haben sie bereut.

Schuldigkeit getan
und raus aus dem Schlamassel,
der nicht hätte sein müssen,
aber vorbereitet hat,
auf richtiges Leben.

Dimension

Sie liebt ihn, er bejaht.
Sie liebt ihn, er bejaht.
Sie liebt ihn, er bejaht.
Sie liebt ihn, seit drei Jahren.

Verlangt

Vergesst die Musik,
lasst sie kurz links liegen,
ihr wurdet verlangt.

Nicht nur eure Aufmerksamkeit,
nein, eure Anwesenheit ist gefragt.

Sie sind

Im gleichen Umfang Mensch,
im gleichen Umfang Träumer,
Denker, Redner.
Im gleichen Maße ehrlich,
wissend, einsam.

Bedingungslos dasein

Jünger und dünner,
leiser und mit weniger Verständnis,
unentschlossen sowieso.
Beide, vor drei Jahren.

Sie heute auf und davon,
er hier alleine und wartend,
ein angenehmes Gefühl.

Morgen Abend Wein,
Austausch von Geschichten.
Beide.

Ich

Vom Schicksal
und von anderen Menschen
geschlagen.

Ich bewahre die Welt
die mich umgibt
in Worten
und katastrophalen
schwarz-weiß Aufnahmen
für die Ewigkeit.

Jedes einzelne Mal,
das Ihr Euch vor mich
stellt, lässt mich Lernen
und meinen Glauben
an tausend bessere Welten
stärken.

Man sucht Alliierte

Kurz nachdem Marcus
sagte »Die Idylle hier drin
und das Böse da draußen«,
begannen ihre Zweifel,
ob das was sie umgibt,
wirklich das Beste ist,
was das Leben bereithält.

Man verpasst
Gelegenheiten,
wenn man
Verbundenheit
gewählt hat.

Menschlich

Jeder verdient eine zweite Chance.
Viele Fehler aus Unwissenheit.
Viele Dinge aus Gewohnheit.
Viele Dinge bereut man.

Für Götz

Die Sachen die wir erlebt haben
waren prägend für mich
und sind die Wurzeln
meines heutigen Lebens.

Echte Freundschaft
vergeht nicht,
obwohl ich dir nie richtig
verzeihen konnte,
dass du zu denen übergelaufen bist,
die früher unsere Feinde waren.

Ich habe keinen einzigen Vorwurf
laut ausgesprochen,
auch nicht im Moment
als ich erfuhr,
das du dir das Leben
genommen hast.

Paradies

Bei ihr zu sein ist für ihn
das Paradies.
Ihre Nähe zu spüren ist für ihn
das Paradies.
Ihre Stimme zu hören ist für ihn
das Paradies.
Ihr Lächeln zu sehen ist für ihn
das Paradies.

Unverhofft

Blumig formuliert,
ihre Haare rosenrot.
Unverhofft getroffen,
amüsiert ausgetauscht.
Erst hier im Ort,
dann über Jahre
in Herrenhäusern,
Gärten,
Skulpturenparks,
Schlössern und
auf Kontinenten.
Immer wieder,
für immer.

Wein zum Abschied

Umarmung. Die Frage nach
dem Warum und das Verneinen
der Aussage.

Zurückwerfen von Phrasen
inmitten eines verrauchten Raumes.
Wein zum Abschied.
Weinen bis zum Wiedersehen.

Sie dankt ihm

Er zeigt ihr, wer sie ist.
Er zeigt ihr das Leben.
Er hilft ihr zu Leben.
Sie lässt ihn Teil ihres Lebens sein.

So schön das Gefühl ist,
wenn er an sie denkt,
so schön es ist,
die Wärme zu spüren,
so schön es ist,
trotz Regen zu Lachen,
so grausam ist die Zeit ohne sie.

Für Franzi

Am Ende für dich

Meine Welt, das bist du, geschaffen aus Bildern und Worten, gegangen im Schutz Ferne. Im traurigsten Moment warst du allein' und doch mit uns vereint.

Ich vermisse dich und kämpfe gegen Lachen und Frohsinn, obwohl diese beiden deine Anker waren.
Zu kurz war unsere Zeit auf Erden. Noch viele Jahre erhoffe ich mir für das Leben, um täglich an dich denken zu können, dein Bild zu sehen, dein Leben zu überlegen.

Dein Sein und das Wissen, dich draußen vor dem Fenster umher rennen zu sehen, bringt mich zum weinen.

Es macht mich glücklich, dich gekannt zu haben. Ich danke dir für die Momente, für all' die Worte und Spinnereien. Ich danke dir für alles, für immer. Es wird dauern bis ich es begreife. Mein Herz, deine Schritte im Schnee ... den ersten Sommertag (heute) hast du als Engel erlebt.

am Abend des 2. Mai 2005

Wunderschön

Ich gehe geduckt,
als gebrochener Mensch
und doch glücklich.
Unter Tränen,
schwach in schwarz.
Sehe alle anderen,
aber bin allein.

Den letzten Brief
nahmst Du mit.
Unausgesprochen,
verschlossen leise.
Nur du weißt,
was ich fühle.

am 3. Mai 2005 um 14:36 Uhr,
am Ende unseres letzten gemeinsamen Weges

Komm zurück (2010)

Die herrlichen Geschichten, die sich um uns herum abspielten wurden Zeuge unseres Glücks. Es sind mehr als fünf Jahre vergangen, viele Sonnenaufgänge haben mich an dich erinnert.

Unglaublich viele Tage, an deren Ende mich deine Ratschläge weniger traurig gemacht hätten, sind grau ins Land gezogen.

In diesem Moment halte ich dein Bild in der Hand und deine Worte in Gedanken. Du bist hier gewesen, auch wenn das Außenstehende anders sehen würden. Du bist nie weg gewesen, nie unerreichbar.

Ich sehe dich vor mir, greife deine Hand in Gedanken, warte, still im Zimmer sitzend, auf ein Zeichen.

Manchmal kommt eines. Glaube ist stark. Ich glaube, du bist ganz in der Nähe. Ich lache mit dir, wir erleben bald den nächsten Sommer, die Ruhe am Abend und die Einsamkeit in Gemeinsamkeit. Was machst du nur? Komm zurück!

Franziska (2018)

Wir haben die Welt um uns herum andauernd analysiert und bewertet, erlebte Geschichten in Worten festgehalten und was schöner war, sie uns später erzählt. Du hast über Menschen auf der Straße gegrübelt, ich habe auf der Straße gelacht.

Es sind dreizehn Jahre seit unserem letzten gemeinsamen Weg vergangen. Dreizehn Jahre, in denen viel passiert ist. Vieles, das ich dir gerne anvertraut hätte, viel zu dem deine Meinung wichtig gewesen wäre.

Ich vermisse dich noch immer sehr, kämpfe aber schon längst nicht mehr gegen das Lachen und Fröhlichsein. Lachen und Fröhlichsein waren deine Anker im Leben, beide hast du mir hinterlassen.

Die gemeinsame Zeit mit dir war zu kurz, aber hat gereicht, mich zu dem zu machen, der ich heute bin. Wie ich heute bin.

Der letzte Brief

Hallo Franzi,

es wird nicht der letzte Brief sein, den ich dir schreibe, wahrscheinlich aber der Schwerste.

Es ist einfach so unsagbar schmerzhaft im Augenblick.

Das Wissen, keine Antworten mehr auf Fragen zu bekommen. Das Wissen, dein Lachen nie wieder zu sehen. Das Wissen, deine Stimme nicht zu hören, dich umher laufen zu sehen, dich atmen zu sehen. Ein bisschen Traurigkeit ist erlaubt, im Moment steht die aber in keinem Verhältnis. Ich werde dich immer in Erinnerung behalten. Für immer als einen kraftvollen lebensmutigen Menschen mit Freude am Tag, an der Sonne, am Regen. Tränen sind es, die gerade in Partnerschaft mit diesen Zeilen stehen. Tränen der Trauer, Tränen der Gewissheit, Tränen der Stärke. Stärke durch den Glauben, dass nichts einfach so passiert, sondern vorherbestimmt ist.

Auch wenn man mit deiner Krankheit lange leben könnte, hat sie dich doch aus der Welt genommen. Sicher ist es schwer zu begreifen. Sicher frage ich mich, fragen sich alle, die dich kennen, warum jetzt. Wahrscheinlich jetzt, weil jeder andere Zeitpunkt nur noch schlimmer, erschütternder gewesen wäre. Du bist eingeschlafen, friedlich hoffentlich. Alleine, aber bestimmt nicht unglücklich. Am Tag nachdem du deine Zukunft besucht hast, bist du aus der Welt gegangen. Das Letzte, was du mir erzählt hast, war Dein Besuch in Jena und die Freude darüber, wie deine Freundin beinahe gegen eine Laterne gelaufen wäre. Zum Abschluss hast du gelacht, gesagt »bis dann dann« und bist davon gezogen. Es war ein Donnerstagabend (21. April 2005 17 Uhr 18). Der Abend, an dem ich nicht da war, arbeiten war, über Nacht, über 24 Stunden. Wach und glücklich gehalten, durch Gedanken an dich. Am 22. April 2005 sagte ich Dinge, die ich nie vergessen werde. Die letzten Worte. »Schreib' Dir nachher nochmal.« Das war das Ende. Die letzte Botschaft. Jetzt gibt es keine Chance mehr, eine Reaktion auf irgendetwas zu erhaschen. Ich vermisse dich. Begreife in vielen Stunden des Tages nicht, dass du weg bist, nie zurück kommst. So viele Sachen gäbe es noch zu bereden, so viele Sachen zu erleben. Wie lustig wäre dieser Sommer geworden?

Ich danke dir für unsere gemeinsame Zeit.
Danke für die Gespräche, für das Lachen, für das Witze machen über Haustiere, die Freude über Möbel, über das Verständnis am Tag, als es regnete. Danke für deine Ehrlichkeit. Danke für die warmen Worte. Ich danke dir für alles, was du mit mir geteilt hast. Es ist traurig, dass unsere Zeit so kurz war. Du hast einmal über Menschen im Bus geredet, die vollkommen entsetzt aufsprangen, als die Fahrt ohne Vorwarnung unterbrochen wurde.

Du hast sie alle beschrieben.

Du hast gesagt, dass Menschen immer Angst davor haben, dass durch unerwartete Dinge ihr gewohnter Plan durcheinander geraten könnte. Du hast dich gefragt, was ihnen dieser Plan bringt. Du hast mit mir deine Gedanken geteilt, was du gesehen hast, was du gefühlt hast. Ich erinnere mich an einen deiner, für mich, wichtigsten Sätze: »Das Schreiben scheint mir sicherer als das Reden! Das Papier hat immer Zeit ...«.

Es hat mich fast zu Grunde gerichtet, als heute die Sonne schien, der Himmel blau war. Ich habe mich erinnert. Erinnert an dein Glück darüber, im Sommer barfuß durch die Gegend zu spazieren. Diesen Sommer hätten wir gemeinsam erlebt. Du bist gestorben und ich verstehe nicht. Ich danke DIR FÜR ALLES! FÜR IMMER! »für diesen Traum, dieses Privileg.«

In mir wirst Du immer einen Platz finden. Lauf' bitte nicht zu weit weg. Ich vermisse deine Umgebung, dein Licht, deine Akzeptanz.

DANKE ... DANKE! Danke für alles, Franzi!

Mittwoch (2018)

Am Anfang ist es jedes Mal ein kleines Abenteuer auf das man sich einlässt, wenn man Gedanken im Kopf sammelt und den Entschluss fasst, einen Stift zu nehmen, um sie aufzuschreiben.

Im Laufe der Zeit lernt man die Bilder der Welt in Buchstaben zu verwandeln und aus Alltagsmomenten kleine Episoden zu machen, ohne den Charme der Situation zu verfremden. Leider lernt man auch zu vergessen, den realen Zeitpunkt zu genießen.

Ich ertappte mich oft dabei, abwesend zu sein und den Schwerpunkt eines Augenblicks wie durch Nebel zu erfassen, weil im Kopf bereits die Sätze zur Beschreibung der Szene entstanden, die unbedingt festgehalten werden wollten.

Ich ertappte mich oft dabei, nicht einfach in den Tag zu leben und die Woche nicht einfach Woche sein zu lassen, oder den Arbeitstag nicht einfach als notwendiges Übel zu sehen.

Im Dämmerlicht saß ich oft stundenlang vor einem Blatt Papier, trank erst Wein, dann Bier, zog an Zigaretten oder den Fäden der Jalousie um frische Luft und Sternenhimmel als Inspiration oder wenigstens eine verirrte Fliege als Muse ins Zimmer zu lassen.

Ich ertappte mich oft dabei, nicht einfach in den Tag zu leben, nicht einfach da gewesen zu sein, wenn jemand sagte es wäre schön und passend. Nicht da gewesen zu sein, wenn nachmittags Schule war. Nicht da gewesen zu sein, wenn Not am Mann war.

Ich bewertete alles, saugte alles auf und winkte oft gedankenverloren und griesgrämig, kleinlaut oder sarkastisch ab, wenn mir eine Frage gestellt wurde.

»In trüben Gewässern fischen« hat mal einer als Antwort bekommen, als er andere fragte, wie das wohl sei, sich mit mir zu unterhalten. Die Wahrheit öffnet einem manchmal die Augen, auch wenn man das nicht sofort erkennt.

Es ist ein Mittwoch gewesen, der mich dazu brachte zu behaupten:

»Probleme gibt es keine, höchstens überbewertete Situationen. Beleidigungen gibt es keine, höchstens missverstandene Worte. Ängste gibt es keine, höchstens übertriebene Gedanken. Mich als lachenden Mensch gibt es nicht, höchstens an anderen Tagen.«

Das alles war vor der Zeit im Frühling nach der Jahrtausendwende, der zuerst nicht besonders warm war, aber im Laufe sehr herzlich und wichtig wurde. Mich veränderte, verstehen lehrte, Vernunft erschuf und meine Lebensweise und Einstellung positiv beeinflusste.

Es war ein Mittwoch.

»Angenehm, einfühlsam, charismatisch, traumhaft, ehrlich, freundlich, geheimnisvoll, herrlich, intelligent, jung, krisenstark, lieb, wertvoll, nachdenklich, witzig, umgänglich, romantisch, speziell, traumhaft, schön, verständnisvoll, wichtig und zauberhaft.«

23 Worte für die Königin. Die Königin, die mich aus dem Sumpf der trostlosen Traurigkeit befreit hat und mit ihrem Dasein und ihrer grandiosen Fähigkeit für Aufheiterung dafür gesorgt hat, mich zu dem zu machen, der ich heute bin. Wie ich heute bin.

Es war ein Mittwoch.

Am Abend nach einem langen Tag erzählte sie mir von ihrem Plan fürs Studium. Sprach von ihrem Umzug, ihrer ersten eigenen Wohnung und ihrer Freude über die Sonne die da war, als sie mit einer Freundin einen Ausflug machte.

Sie erzählte überschwänglich lustige Geschichten und wie sie beide lachten und wie besagte Freundin in Gedanken fast gegen eine Straßenlaterne gelaufen wäre.

Es war schön sie so zu erleben, die Spannung und das Knistern, die uns den Sommer begleiten sollten. Es war schön sie zu motivieren, weil sie mich motivierte.

Ihr Meerschweinchen, sagte sie, mache seinem Namen alle Ehre und fügte wie beiläufig hinzu, »wenn du etwas tun willst, was du immer tun wolltest – und du hast die Chance dazu – dann tu' es.«

Es war wieder ein Mittwoch, als sich überraschend ihre Schwester bei mir meldete und sagte: »es tut mir leid, Franzi ist am Sonntag gestorben.«

Die Zeit ist ein Dieb